時代をつくるデザイナーになりたい!!

Book Designer
ブックデザイナー

一冊の本の魅力と特ちょうを「装丁」という情報手段でつたえたいから、めざせブックデザイナーを!!

協力
日本図書設計家協会

六耀社

時代をつくるデザイナーになりたい!!
ブックデザイナー

- 3 …… **第1章** あたらしい知識の情報源　本のすてきな世界をさぐる

  ブックデザイナーの基礎知識①／ブックデザイナーの基礎知識②／ブックデザイナーの基礎知識③／ブックデザイナーの基礎知識④／ブックデザイナーの基礎知識⑤

- 14 …… **第2章** 本のすてきな表紙とかたちを創造するブックデザイナー

  - 15 …… ブックデザインの仕事のながれ
  - 16 …… ブックデザイナーの仕事①
    出版社から、あたらしい本のブックデザインを依頼される
    これまでの実績に応じて、あたらしい仕事を依頼される／編集者から本の内容を聞き、デザインの意図を確認する
  - 18 …… ブックデザイナーの仕事②
    どのようなデザインにするか、かんがえをめぐらせる
    デザインのアイディアをかんがえる
  - 20 …… ブックデザイナーの仕事③
    よりよいデザインを創造するための「準備」が決め手
    広がるアイディアの世界を自由に飛びまわり、理想のデザインを発見する
  - 22 …… ブックデザイナーの仕事④
    ブックデザイン作業では、個性ゆたかな表現力が発揮される
    デザイン作業がはじまる／紙えらびもたいせつな作業
  - 27 …… ブックデザイナーの仕事⑤
    色の校正は、デザインの最終確認をするために欠かせない
    色の校正に欠かせない道具、「色見本帳」や「ルーペ」／色校正で、ブックデザインは完成する
  - 30 …… ブックデザイナーの仕事⑥
    本には、ブックデザイナーの熱い思いがこめられている
    小口翔平さん／糟谷一穂さん／白畠かおりさん／中島慶章さん

- 33 …… ブックデザイナーの気になる**Q&A**

  Q1 ブックデザイナーへの進路　Q2 ブックデザイナーをめざしたきっかけ　Q3 ブックデザイナーがかつやくするところ　Q4 本づくりにかかわる専門スタッフ

第1章

あたらしい知識の情報源
本のすてきな世界をさぐる
Book Designer

わたしたちのまわりには、さまざまな情報があふれています。情報の発信元は、新聞、テレビ、映画、インターネットなど多種多様です。そのなかでも、本は、時代をこえて多くの人びとに愛されてきた情報源といえます。
本を読むことは、さまざまな分野にわたる情報を、もっとも身近なところで手に入れることができる手段です。
本がつたえてくれるいろいろな情報は、ときには、読む人の生き方さえ変えてしまうこともあります。

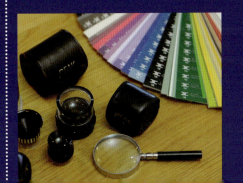

ブックデザイナーの基礎知識 ①

わたしたちのまわりには、たくさんの本があるわね。つぎは、どの本を読もうかまよっちゃうわ。

本といっても大きさや厚さ、かたちなどいろいろあるよ。

本の世界をたんけんする

そうなんだよ。いつも楽しく読んでいる本だけど、きみたちは、本についてどれだけのことを知っているかな？

そういえば、本を読むのは好きだけど本そのものを気にしたことはないわね。

まず、本には、いろいろなよび方がある。

木の根もとに「一」を書いてできる「本」という字は、ものごとの根本にあるものをあらわしています。わが国の本は、もともとお経を写した「巻子本」とよばれるもの（7ページ参照）で、書写の「手本」になるものという意味から「本」とよばれたといいます。

本には、「本」のほかにも、「書籍」や「書物」というよび方があります。いずれも、紙のたばに文章や絵画などを印刷したり書いたりして、表紙をつけたものの意味です。

あたらしい知識の情報源　本のすてきな世界をさぐる

ひと口に本といっても、それぞれの本がもっている特ちょうで、いろいろな種類にわけることができる。

発行のかたちによる分類

- 単行本…ひとつのテーマでまとめられた本で、小説、実用書、図鑑、コミックなどがあり、不定期に発行されます。
- 雑誌…複数のテーマでまとめられた本で、各種の情報、小説、コミックなど。ほとんどが、週刊、月刊など定期的に発行されます。

本の大きさによる分類

使われる紙の大きさによって、本の大きさが決まります。紙の大きさは、ＡサイズとＢサイズにわけられます。そこで、Ｂ５・Ａ５、Ｂ４・Ａ４など紙のサイズにあわせた大きさで本はつくられます。ちなみに、雑誌の週刊誌はＢ５のサイズです。本書の大きさは、Ａ４サイズで、縦のサイズに変化をつけたＡ４変型といいます。

内容による分類

以下では図書館を例に、本の内容によって分類する方法をみてみましょう。

図書館ではつぎのようにわけられているのね。

日本十進分類法

大きく「類目」という項目から、その下に「綱目」、「要目」、「細目」までの項目があり、それぞれ０から９までの数字で本の内容を分類する方法です。

● 類目の分類

0 総記（百科事典、論文ほか）
1 哲学（哲学、心理学、倫理学、宗教ほか）
2 歴史（歴史、伝記、地理ほか）
3 社会科学（政治、法律、経済、教育ほか）
4 自然科学（数学、化学、医学ほか）
5 技術（工学、工業、家政学ほか）
6 産業（農林水産業、商業、運輸、通信ほか）
7 芸術（美術、音楽、演劇、スポーツほか）
8 言語
9 文学

製本技術による分類

本をつくることを、製本といいます。
- 中とじ…１枚ずつの紙をふたつ折りにして、中央の複数か所をハリガネでとめたものをいいます。
- 平とじ…16ページごとに「折り」といいます。折りごとに、紙のはしから５ミリほどのところを複数か所とじます。かさねてノリづけして表紙をつけます。

表紙の紙による分類

表紙を英語でいうと「カバー」となります。厚い紙を使った本をハードカバーといいます。ぎゃくに、やわらかい紙を使った本は、ソフトカバーといいます。

電子書籍（e BOOK）

印刷された本に対して、パソコンや携帯電話・スマートフォン、専用の機器で読むことができるもので、デジタル本ともいいます。

へぇ、いろいろなわけ方があるんだね。

ブックデザイナーの基礎知識②

ここで、いまのような本のかたちができるまでの道のりをかんたんにみてみよう。

へぇ、紙は利用されていなかったのね。

大むかしの本は粘土板だった？

世界最古といわれる四大文明のひとつメソポタミア文明は、いまのイラクの一部にあたる場所で、チグリス川とユーフラテス川にはさまれてさかえました。メソポタミア文明では、ふたつの川のほとりでとった粘土をかためて板状にしたものをかんそうさせて、本がつくられました。粘土板に文字をきざんだ本を、人びとは愛読したのです。

世界最古の四大文明のひとつ古代エジプト文明では、パピルスというアシのせんいであんだパピルス紙の本がありました。また、中国でさかえた黄河文明では、木や竹の板をたばねた本がつくられていました。

いまの「本」のかたちがつくられるきっかけとなった、ふたつの大発明

105年に古代中国で、いまにつながる紙をつくる技術が発明された。

もうひとつは、1445年ころにドイツのグーテンベルクが発明した、活版という印刷技術だ。

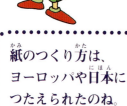

紙のつくり方は、ヨーロッパや日本につたえられたのね。

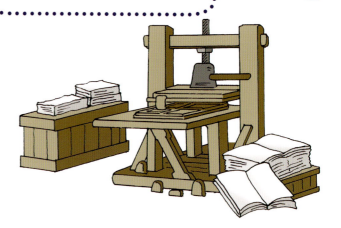

日本における「本」の歴史

日本でもっとも古い「本」は、奈良時代に中国からつたえられた技術でつくられた巻きものだといわれている。

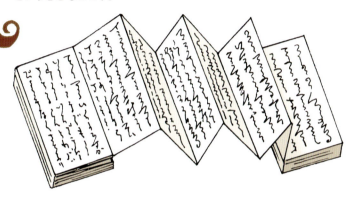

日本では奈良時代に、中国からつたえられた仏教を広めるため、お経を写す写経がおこなわれました。こうしてつくられたのが、「巻子本」という巻きものです。

でも、巻きものは読みにくいわね。

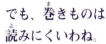

そこで、巻きものにかわってつくられたのが、折り本とよばれるものだ。

折り本とは、紙を横に長くつないで同じ大きさごとに折り、最初と最後に厚い紙で表紙をつけたもので、蛇腹折りともよばれています。

さらに、平安時代になると日本で独特の「和とじ」という製本技術が登場した。

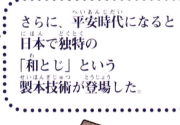

ヨーロッパから、あたらしい製本技術がつたえられました。いまの製本技術のもとになるもので、「和装本」に対して、「洋装本」といわれました。

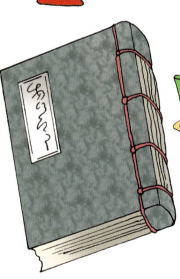

江戸時代に手刷りの技術が発達すると、和とじの技術も広まりました。紙をたばねて、糸などでぬってとじます。明治時代以降も教科書などに利用されました。巻子本、折り本、和とじ本をまとめて「和装本」といいます。

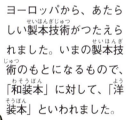

そして、明治時代になると、数多くの西洋文化が海外からつたえられた。

ブックデザイナーの基礎知識③

ほとんどの本は、出版社から発行されている。

出版社とは、いろいろな情報を一冊の本にまとめて発行、販売する会社です。
発行された本は、「出版物」といいます。
本には、かならず書きしるすことが法律でさだめられた「奥付」という部分があります。
奥付には、出版社の名前や連絡先、著者の名前、出版した年月日などがしるされています。

ここからは、単行本について「本」と表現していきます。

本が出版されるまでの基本のながれ

出版物は、つぎのようなながれで発行される。

出版物にまとめられる原稿やイラスト・図・写真などの素材をまとめることを編集というのね。

企画 ▶ **編集・制作** ▶ **印刷・製本** ▶ **発行**

企画	編集・制作	印刷・製本	発行
出版社のいろいろなスタッフがあつまり、どのような本を出版するか会議で決めます。	作家や著者に原稿を依頼したり、取材をして記事を書きながら、本の内容をまとめていきます。	できあがった原稿のデータを、印刷所で印刷します。印刷されたものは、製本所というところでまとめられていき、本のかたちがつくられます。	出版社から発行された本は、全国の書店や図書館などにならびます。さらに、インターネットをつうじて販売されたりします。

あたらしい知識の情報源 本のすてきな世界をさぐる

ブックデザイナーの基礎知識 ④

一冊の本がどのような要素でつくられているか、知っているかい？

えぇ!?本を読むときそんなことをかんがえたことないわ。

ここからは単行本についてみていきましょう

※写真は、『時代をつくるデザイナーになりたい!!』（発行：六耀社）の表紙を加工したものです。

本の開き方

左開きと右開きの2種類があります。基本的に、左開きの本は本文が横ぐみ、右開きの本は本文が縦ぐみです。

背

本の題名や作家・著者の名前、出版社名などがしるされています。

表紙

表1といい、本のタイトルや作家・著者の名前、出版社名などがしるされています。

うら表紙

表1と対をなす表紙で、表4ともいいます。本のタイトルや、バーコード（※1）、本の価格などがしるされています。

※1. バーコード…流通する本の商品情報のデータを、ならんだ線で表現したもの。情報は、専用の機器で読みとります。

本のページをたんけんする!!

本を開いたページのなかには、
いろいろな決まりごとと情報がつまっています。
なお、ページのなかみは解説のために創作したものです。

では、本のなかには
どのような情報が
もりこまれているか
みていこう。

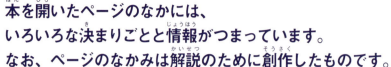

ブックデザイナーとしてかつやくする

位置などを決めていきます。このとき、装画やイラスト、写真などのビジュアル素材と文字をくみあわせて、本の内容を表現していきます。

文芸書では、格調の高い文字がえらばれ、自由な発想でデザインされることが多いようです。たとえば、時代小説やミステリー小説など、個性的な文字がつかわれます。

コミックでは、みた目でおもしろく、明るい感じの書体が好まれてつかわれます。とくに、雑誌で連載されてきたコミックが単行本になったときは、雑誌と同じ書体がつかわれることもあります。

25

柱

本のタイトルや章タイトルなどをしめしています。

イラスト

文の内容を絵で説明するもの。人物や風景のほか、グラフ・図解などもつかわれます。

あたらしい知識の情報源 本のすてきな世界をさぐる

10

本に欠かせない要素

目次
本の内容をページのながれにそってしめしたもの。本文の区切りをあらわす章タイトルがノンブルでしめされます。

とびら
テーマごとの区切りをまとめて、それぞれのあたまのページをしめしています。本のはじめにあるとびらは「総とびら」、章ごとについているとびらを「章とびら」といいます。

奥付
作者や著者名、発行する出版社や責任者の名前、印刷所名、発行する年月日、定価などを印刷したもの。その本の「証明書」のようなやくわりもあります。

見出し
記事や本文にどのようなことが書いてあるか、その内容の要点をみじかい文章でまとめたもの。ページや本文の最初におかれるものを大見出し、本文中などにおかれるものを小見出しといいます。

章タイトル
章（※）の内容をあらわす見出し。章とびらにしめされたタイトルを表示します。

リード
先導するという意味のことばで、あとにつづく本文の内容をかんたんな表現でまとめたみじかい文章。

ルビ
漢字の読み方をひらがなでしめした、ふりがな。

本文
本の主体となる文章。

ノンブル
ページの順序を数字でしめすもので、目次にしめされます。

第3章 ブックデザイナーの世界

ブックデザイナーは出版の現場でかつやくする。

ブックデザイナーは、画家、イラストレーター、カメラマンなどにデザイン制作のための素材となる装画やイラスト、写真の制作を依頼します。

文字には、いろいろなスタイル（書体という）があります。書体は、ひと目みただけで、さまざまな印象をあたえるやくわりをはたします。ブックデザイナーは、手がける本の内容にあう書体をえらんで、表紙のなかで

ブックデザイナーは、本づくりのデザインの現場でかつやくします。

24

キャプション
写真や図解などの説明をする文章。

写真
本文をおぎなうためにもちいられる、視覚的な資料。

※章…本文のひと区切りとなるもので、ひとつのテーマでまとめられる。

ブックデザイナーの基礎知識 ⑤

装丁家・橋口五葉による下編の装丁（県立神奈川近代文学館寄託）

写真の本は、明治時代の文豪、夏目漱石の代表作の小説『吾輩は猫である』だ。漱石は、本の装丁にこだわったといいます。

夏目漱石の『坊っちゃん』は読んだことがあるわ。

読みたい本をえらぶときには表紙をみて、すてきなデザインの本をえらぶこともあるよ。

表紙は、本の顔ですぞ。自分の書いた小説の本ですから、自分で化粧してあげるのはとうぜんです。

表紙にはその本の特ちょうが表現されてるのね。

表紙のデザインは、「装丁」といいます。
「装」は「よそおい」のことで外からみた感じを表現します。
「丁」は、和とじの本の1ページをさすことばです。

装丁は、「装幀」ともいいます。幀は、書や絵などを台紙にはりつけることです。

12

あたらしい知識の情報源 本のすてきな世界をさぐる

夏目漱石は、イギリスのロンドンに留学したとき、外国の本（洋書）の表現力ゆたかな美しい装丁をみて、つよい影響をうけたといわれています。

日本でも、洋装本が一般的になると装丁にこだわりをもつ人がふえたんだね。

装丁へのこだわりは、本をつくる側だけでなく、読者のあいだにも広がったのね。

ブックデザイナーの登場

装丁のデザインを専門に手がける「装丁家」とよばれる人たちが登場して、出版界でかつやくするようになった。

本のデザインには、ふたつの分野があるのね。

装丁
本の表紙など本の外見や、つかわれる紙をえらんでデザインすること。

↕

造本
装丁のほか、印刷・製本にかかわる技術的な面までをかんがえること。

装丁と造本は、もともとはまったく別な分野だった。ところが、現在では両方のやくわりをはたす、ブックデザインというあたらしい分野が登場した。

ブックデザインを手がける専門家を、ブックデザイナーというのね。

ブックデザイナーのなかには、装丁や造本だけをしている人もいれば、表紙はもちろん、本文のデザインもふくめて一冊まるごとを手がける人もいます。

この本では、4人のブックデザイナーの仕事ぶりを紹介していくよ。

第2章

本のすてきな表紙とかたちを創造する
ブックデザイナー
Book Designer

本は、これからの生き方を教えてくれるかもしれません。
落ちこんだ気もちを晴れやかにしてくれるかもしれません。
あたらしい知識と情報を教えてくれるかもしれません。
いつでもどこでも、好きなときに好きなだけ読むことができる本は、
もっとも身近な「知」のパートナーといえるでしょう。
書店や図書館の本棚の前で、思わずたち止まって、
思わず手にとってしまうすてきな表紙の本が、
ブックデザイナーの手によって、また、生みだされます。

ブックデザインの仕事のながれ

ブックデザイナーの仕事は、本がもっている魅力のすべて、
本がつたえてくれるメッセージを、表紙と本のかたちに表現して、
多くの人の手にとどけることです。

1 仕事の依頼

あたらしく出版する本が決まり、編集の作業が進むと、出版社の編集者からブックデザイナーに、ブックデザインの依頼がだされます。依頼の時期はさまざまです。

2 構想をねる

ブックデザイナーは、依頼をうけると、さっそくブックデザインの作業にとりかかります。ブックデザイナーは、まず、デザインのアイディアをいろいろかんがえはじめます。

3 取材する

ブックデザイナーにとって、取材とは、依頼された本の内容を読んだり、デザインにやくだつ資料をあつめたり、デザインのために必要な写真やイラストを専門のスタッフに依頼することです。つまり、デザイン制作のための準備が、取材なのです。

4 デザインをする

実際のデザイン作業は、パソコンを利用しておこなわれます。専用のデザイン用ソフトをつかっていくつかのデザイン案をつくり、編集者に提案します。編集者の返事をまって、修正作業をし、完成させます。

5 デザインの校正をする

完成したデザインをもとにデータ処理をして印刷所に入稿します。印刷された見本ができると、ブックデザイナーは、印刷が指示したとおりきれいにできあがっているかなどをチェックします。これが、色校正です。

6 本が発行される

色校正によって、デザインの意図が正しく印刷されていることが確認されると、本の印刷が進められます。印刷された本は、製本所というところで本のかたちにされます。できあがった本は、出版社によって発行されます。

ブックデザイナーの仕事 ❶

出版社は、時代の動きをみながら、つねにあたらしい本を企画しています。本は、子どもからお年よりまで、世代にあわせてさまざまなスタイルのものがかんがえられます。ブックデザイナーのなかには、絵本、コミック、実用書、文芸書、医学や学術の専門書など、自分の得意分野をもってかつやくしている人がいます。

仕事の依頼 → 構想をねる → 取材する → デザインをする → デザインの校正をする → 本が発行される

これまでの実績に応じて、あたらしい仕事を依頼される

出版社からのブックデザインの依頼は、多くの場合、ブックデザイナーがそれまで手がけた本をもとにおこなわれることが多いといわれています。これは、出版社の編集者が、つねに各社から発行される本に注意をはらっているからです。手がけた本には、過去に出版されたものや個展などで発表した自主制作のものもあります。

とくに、出版された本が話題となり発行部数が多くなれば、ブックデザインも評価されます。出版界で注目されれば、そのまま仕事に結びつきます。なかでも、得意分野がはっきりしていると、出版社も依頼しやすいというわけです。

もちろん、どんな分野でもこなせるブックデザイナーがかつやくしていることは、いうまでもありません。

この本に登場する4人のブックデザイナー（37ページ参照）が手がけた本。表紙には、それぞれのデザインアイディアが表現されています（30～32ページ参照）。

出版社から、あたらしい本のブックデザインを依頼される

本のすてきな表紙とかたちを創造するブックデザイナー

編集者から本の内容を聞き、デザインの意図を確認する

出版社からブックデザイナーに仕事が依頼されるのは、一般的に本の内容がまとまったり、小説などの原稿が書きあげられてからです。編集者は、印刷するためにまとめられた原稿（ゲラという）や束見本などの資料をブックデザイナーにみせながら、本の意図などを説明し、デザインのうちあわせをします。

→（白畠さんの場合）編集者からあたらしい本について説明をうけます。表紙をどのようにしたいか、写真を使いたいのか、イラストがいいのか、文字だけなのか、編集者や著者側の希望をこまかく聞いていきます。

←（糟谷さんの場合）出版社にでむいて説明をうけますが、ときには自分の仕事場や近くのきっさ店などでうちあわせをおこないます。実用書の場合、基本的にはまだなかの原稿は仕あがっていないため、どのような内容になるか編集者から説明をうけ、イメージをふくらませていきます。

デザイン作業に欠かせない「束見本」とは

出版社ではあたらしく本をつくるとき、出版されるものと同じ大きさや厚さの見本をつくります。見本の本は、表紙からなかみまでまっ白い紙でつくられます。このときつかわれる紙も、発行されるときと同じものがつかわれます。束とは、もともと印刷用語で、本の厚さを意味したことばです。

ブックデザイナーは、束見本をみて、表紙のサイズなどできあがる本のイメージをつかみとりながら、デザインのアイディアをふくらませます。

ブックデザイナーの仕事 ❷

ブックデザイナーが仕事を進めるとき、最初の難関は、
デザインの構想をねることです。
この作業は、すぐれたデザインを完成させるための
第一歩であると同時に、もっとも重要なものといえます。

どのようなデザインにするか、かんがえをめぐらせる

本のすてきな表紙とかたちを創造するブックデザイナー

(仕事の依頼　構想をねる　取材する　デザインをする　デザインの校正をする　本が発行される)

デザインのアイディアをかんがえる

ブックデザインをかんがえるときは、具体的なかたちがなにもない状態からはじめなければなりません。まず、あたまにうかべるのは、出版される本がどのようなことを読者にうったえているかということです。そこで、ゲラ（印刷の見本刷り）などを読んで、内容を確認します。

つぎに、その本が、どのような分野であるかをかんがえなければなりません。同じようなテーマの本でも、文芸書とコミック、実用書では、本を手にする読者の年齢や性別などにちがいがあるからです。

いずれの場合も、あたまのなかでデザインをかんがえて、具体的なかたちをスケッチしたり、メモにまとめます。

これまでに手がけた本は、ブックデザインのアイディアの宝庫

ブックデザイナーは、これまでブックデザインを手がけた本とむきあいながら、過去のアイディアをもう一度おさらいすることもたいせつです。あたらしいブックデザインのアイディアを発見したら、思いついたアイディアをもとに、手描きのラフ（ブックデザインの下描きのようなもの）をつくります。

糟谷さんの仕事場にある本棚には、ずらりと本がならんでいます。どれも、あたらしいブックデザインのひらめきのもとです。

ふだんの会話のなかにひそむブックデザインのヒントを発見する

自分では気がつかなかったようなことが、思わぬデザインの発想につながることもあります。ブックデザイナーには、どんな小さなことにも気をとめる感性がもとめられるのです。

小口さんは、事務所のスタッフと気軽に話をしながら、ブックデザインのヒントをみつけることもあるといいます。

自分の好きな本を読むことで、あらたなブックデザインにとりくむことができる

お気に入りの本には愛着があるものです。あらためて読むことで、ブックデザインの世界にふみこんでいくことができます。あたまのなかをデザインのアイディアがかけめぐり、感じたことを思いのままにメモしていきます。このメモがアイディアのみなもととなるのです。

白畠さんは、読書する時間をたいせつにして、気がついたことがあれば、すぐにメモしてブックデザインの参考にします。

静かな環境のなかで構想をねる

自然とむきあいながらブックデザインのアイディアをかんがえることは、気分転換にもなり、新せんな発想のひらめきにつながります。ほかにも、好きな音楽をきいたり、映画を観たりして、気分をあらたにしてデザインの構想をねる人もいます。

中島さんは、自然にかこまれるなかで時間をすごしていると、新せんなアイディアがうかんでくるといいます。思いうかんだことは、その場で愛用のアイディアノートに記録していきます。

19

ブックデザイナーの仕事 ❸

本という同じ世界で仕事をしているブックデザイナーですが、それぞれが個性的な表現をしてブックデザインを完成させます。個性的な仕事ぶりから、とても個性的なブックデザインが生まれるのです。独特の仕事のスタイルは、実際にブックデザインの作業にとりかかる前の準備段階にもあらわれています。

よりよいデザインを創造するための「準備」が決め手

仕事の依頼 → 構想をねる → 取材する → デザインをする → デザインの校正をする → 本が発行される

広がるアイディアの世界を自由に飛びまわり、理想のデザインを発見する

作家や著者、ライターなどは、文章の素材となる情報をあつめます。これが、取材です。一方、ブックデザイナーにとっての取材は、表紙の色やかたちの資料をあつめたり、表紙につかう写真やイラストを用意することです。

このように、ブックデザイナーはデザインのイメージをかためると、かんがえたアイディアを具体的なかたちにまとめていきます。

ブックデザインに欠かせない道具

ブックデザインの実作業は、パソコンでおこなわれます。ここでは、これからのデザイン作業を進めるうえで欠かせない、パソコン以外の道具をまとめてみました。

※写真は白畠さんがつかっている道具です。

❶ ものさし…作業のなかで、いろいろな部分のサイズを確認したり、ラフを描いたりするとき直線を引いたりするのにつかいます。

❷ ハンドフリーイヤホン…パソコンで作業中に、スマートフォンで編集者と連絡をとりあうときに便利です。

❸ ペン、マーカー、ふせん…気がついたところをチェックするときに使用。ふせんは、メモ用紙にもなります。

❹ ルーペ…色校正（27ページ参照）のときにつかいます。

❺ USBメモリ…パソコンで処理したデータを外部保存するために必要です。編集者とデータのやりとりをするときにつかうこともあります。

❻ 消しゴムとブラシ…えんぴつの文字を消したり、消しゴムのカスをはいたりするときにつかいます。

❼ 電卓…写真などの拡大・縮しゃく率や、本のサイズを計算するときなどにつかいます。

❽ 修正テープ…色校正紙に書いた文字などを消すときなどにつかいます。

本のすてきな表紙とかたちを創造するブックデザイナー

オリジナルの文字でタイトルを手描きする

ブックデザインでは、タイトルの文字が大きなやくわりをはたします。とくに、手描きの文字は新せんなイメージがあり、本のもつイメージをよりつよく読者にアピールできるという効果があります。

中島さんは、準備段階でタイトルの文字をレタリング（※）という技法で手描きしながら、デザインのイメージをかためていきます。

※レタリングは、デザイン的な文字をオリジナルな発想でつくること。

愛用のパソコンで、作業がはかどる

いまやブックデザイナーにとってパソコンは、欠かせない道具です。あたらしい仕事の準備段階では、パソコンの調子を確認しておくこともたいせつです。

糟谷さんのパソコンには、ブックデザインに必要なソフトが装備されています。さらに、これまで手がけたブックデザインのデータや資料も保存されていて、あたらしく手がけるブックデザインの参考に利用することができます。

過去に手がけた本をふりかえることもある

自分がこれまで手がけた作品をふりかえることは、ブックデザイナーとしての技術のあゆみを知ることです。さまざまな分野の本を手がけていれば、たくさんのアイディアを再発見することもできます。一冊一冊にこめられた思いがよみがえり、苦労した作品や、楽しかった作品が、あたらしいブックデザインを発想するきっかけとなるのです。

小口さんの本棚には、これまで手がけた本がならんでいます。あたらしい作業にとりかかるときは、自分の作品をもう一度みなおすこともあるといいます。

自主制作は、ブックデザインのレッスンにやくだつ

日ごろ、依頼されてつくるブックデザインは、出版社やそのほかの関係者の注文にそって作業が進められます。対して、ブックデザイナーのなかま同士で開くグループ展に出品される作品は、だれにも束縛されないので、とても自由な発想力でデザインされています。

色づかいや紙など、自由な発想があふれる白畠さんの展覧会用の作品。

イラストレーターとデザイナーがくんで一冊をつくる「宮沢賢治 十二色の絵本展」の作品。左の『林の底』が白畠さん、中央の『セロ弾きのゴーシュ』は中島さん、右の『ひのきとひなげし』は糟谷さんの作品です。

ブックデザイナーの仕事 ❹

すべての素材があつめられ、準備が整うと、いよいよ本格的なブックデザインの作業がはじまります。いま、ブックデザインはパソコンでデータをつくり、そのデータを印刷所に入稿するというスタイルでおこなわれています。そのため、ブックデザイナーには、パソコンの操作は必須の条件です。

(仕事の依頼 → 構想をねる → 取材する → デザインをする → デザインの校正をする → 本が発行される)

デザイン作業がはじまる

ブックデザインは、本の表紙を中心に作業が進められます。本は、大きく、カバーがあるものとないものにわけられます。ちなみに、カバーはブックカバーとよばれ、本を保護するとともに、装飾のやくわりをはたします。とはいえ、たんなるパッケージ（包装）ではありません。そこには、読者を本の世界に誘導するという、たいせつなやくわりがあるのです。ブックデザイナーは、つねに、本と読者をつなぐ思いでブックデザインを手がけているのです。

表紙をカバーでおおうかたちの本の場合は、ふたつのスタイルがかんがえられます。まず、表紙のデザインとカバーのデザインが同じスタイルの場合。もうひとつのスタイルは、表紙とカバーがまったく異なるデザインの場合です。ブックデザイナーは、いずれのスタイルにも対応しなければなりません。

また、本には表と裏の表紙をつなぐ背があります。背は、書店や図書館などで本棚にならべられるとき、とくに読者の目をひきつける重要な部分です。いかに、読者の目をひきつけるか、色などの工夫が必要です。

いずれにしても、ブックデザインは、文字と写真やイラスト、そして、色のくみあわせで構成されるものです。いかにくみあわせるか、それがブックデザイナーのうでのみせどころなのです。

ブックデザイン作業では、個性ゆたかな表現力が発揮される

本のすてきな表紙とかたちを創造するブックデザイナー

タイトルなどの文字要素と、写真などの素材をバランスよく配置

本の表紙には、タイトルや著者名などの文字のほかに、写真やイラストといった画像がつかわれることも多くあります。ブックデザイナーは、画像をいかしながら、文字の要素も目だつように配置していきます。

手づくりのあたたかみがあふれる、オリジナルの文字でデザインする

ブックデザインでは、手がける本の内容や分野によってタイトルの文字のかたちが決まります。準備のときにかんがえたいろいろな文字のかたちから、本にふさわしい文字のかたちをえらんで作業を進めます。

糟谷さんが手がけた『愛らしい加賀のゆびぬき』という本の表紙には、ゆびぬきの写真がつかわれました。糟谷さんは、どんな写真を撮りたいか絵を描いてカメラマンにつたえ、撮影の現場にもたちあいました。そして、3パターンの写真をつかった3案のデザインを提案しました。

中島さんは、手描きの文字をコピー機でスキャンしてパソコンにとりこみます。そしてデザインソフトで文字の上をなぞりながら、データとして仕上げます。

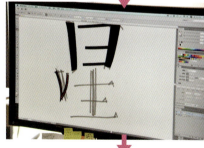

デザインソフト「インデザイン」とは？

ブックデザイナーは、デザイン専用のソフト「インデザイン」をつかいこなして作業を進めます。インデザインには、レイアウトとタイポグラフィの機能があります。

レイアウトとは、文字や写真・イラストなどの配置を決めて、ページの内容を読みやすく構成することです。タイポグラフィは、文字をくみあわせて、デザイン的に文字の配列を決めることです。

ブックデザイナーは、レイアウトとタイポグラフィ機能を自在にあやつることで、多彩なブックデザインを完成させることができるのです。

パソコンで作業を進めながら、編集者と連絡をとって疑問を解消する

　デザインの作業中には、どうしても疑問や確認することがでてくることがあります。そのときは、パソコンの画面をみながら電話で編集者と連絡をとりあいます。そして、疑問点を質問したり、提案したデザイン案に対して編集者から修正があったときは、その内容をこまかく確認していきます。このように、編集者と密なコミュニケーションをしていくことも、ブックデザイナーにとって欠かせないことのひとつです。

白畠さんは、パソコンの画面をみながら編集者とうちあわせをして、指示があればデザインの修正などをくわえていきます。

複数のデザイン案をだして、そのなかからブックデザインを決める

　ブックデザイナーは、毎回3～4種類のデザイン案を編集者に提案します。必要に応じて、タイトルの文字の種類や大きさ、色のつかい方、イラストや写真などの素材を変えたものをつくります。

写真は、小口さんの手がけた『HARD THINGS』（上）と『服を買うなら、捨てなさい』（下）のブックデザインの案で、それぞれ5案以上提案しました。2冊の本については、30ページに解説があります。

　小口さんの事務所では、1か月に数十冊以上のブックデザインを手がけています。そこで、複数のスタッフがそれぞれに担当を決めて、デザイン作業を進めていきます。ブックデザインには、個性的な表現がもとめられますが、おたがいの情報を交換することができるチームワークの効果も期待されるのです。

紙えらびもたいせつな作業

本は、紙でつくられた「造形」です。表紙には、色紙やさまざまに加工された紙がつかわれます。厚いボール紙でできた表紙の本はハードカバーといい、上製本とよばれます。一方、やわらかい紙の表紙はソフトカバーといいます。これは、並製本とよばれます。

表紙をつつむカバーには、つやのよい紙や個性的な紙などをつかいます。このように、表紙やカバーには、基本的な紙のつかい方があります。紙をどのようにえらんで、つかうかということは、すてきな本をつくるために欠かせないことなのです。

ブックデザイナーが紙をえらぶのは、おもにカバーや表紙にかかわる部分で、表紙の裏側にはられる紙の部分（見返しという）などがふくまれます。

そこで、ブックデザイナーには、紙についての知識がもとめられます。紙には、西洋からつくり方がつたえられた洋紙と、日本で生まれたつくり方でつくられた和紙があります。それぞれの特ちょうを知ることで、ブックデザインのイメージをふくらませることができます。

紙は、1枚の重さでわけられており、それぞれに料金が決められています。高価な本では、高価な紙をつかうこともありますが、一冊の本をつくるための予算とてらしあわせながらえらばれます。ブックデザイナーにとっては、予算のことをかんがえるのも、たいせつなことなのです。

小口さんは、パソコン画面のデザインを確認しながら紙をえらびます。

中島さんは、独特の手ざわり感がある紙にこだわりをもっています。また、あたらしくでた紙の情報には、つねに注意をはらっています。得意とするコミックでは、イラストの発色がよい紙が好まれるそうです。

紙見本から紙をえらぶ

紙見本とは、いろいろな種類の紙を小さなカード状にして、種類ごとにたばねたものです。紙のメーカーがつくっているもので、だれでも買うことができるものです。ブックデザイナーは、つねに複数の種類の紙見本を手もとに用意しています。ブックデザイナーが指定した紙は、印刷所によって手配されます。本づくりでは、大量の紙がつかわれるので、印刷所がそろえるために時間がかかることもあります。

ブックデザイナーは、印刷用の紙メーカーから紙の見本をとりよせ、専用の棚に保管しています。糟谷さんは、まず、デザインにあう紙の候補をいくつかえらびます。紙とデザインの相性をかんがえ、ときにはデザイン自体にすこし修正をくわえながら、最適な紙をしぼりこんでいきます。

白畠さんは、まず、デザインをコピー機で印刷したものを束見本（17ページ参照）に巻いてみて、完成した本をイメージします。これをみながら、デザインの色やふんいき、本の内容にもっともあう紙をえらんでいきます。

本のすてきな表紙とかたちを創造するブックデザイナー

26

しおりや帯をデザインする

読みかけの本のページにはさんでつかう目印のひもを、しおりといいます。おもにハードカバーの本でつかわれます。しおりの素材や色えらびも、見本のなかからブックデザイナーがえらびます。

また、本の表紙に巻かれて、内容などを読者にアピールするのは帯とよび、もともとは、本の宣伝をするものとして生まれました。帯には、本のすいせん文などいろいろな情報が入っています。このデザインも、表紙といっしょにブックデザイナーがおこないます。

しおり

帯

ブックデザイナーの仕事 ❺

ブックデザインができあがると、ブックデザイナーは出版社や印刷所にデータのかたちで入稿します。印刷所ではそのデザインデータをもとに、実際につかう紙に印刷用インクで印刷をしてみて、色校正紙をつくります。色校正紙は、大量に印刷をする前に色やデザインが正しいかをみるためにおこなわれるためし刷りです。ブックデザイナーは、色校正紙をうけとると、デザインのチェックにとりかかります。

仕事の依頼 → 構想をねる → 取材する → デザインをする → **デザインの校正をする** → 本が発行される

色の校正に欠かせない道具、「色見本帳」や「ルーペ」

色校正紙がブックデザイナーの手もとにとどいたら、デザインした色が正しく印刷されているか、写真やイラストなどがきれいに印刷されているかをチェックします。さらに、ゴミなどが印刷されていないか、かすれている部分はないかなど、どんな小さなことでもみのがさないよう細心の注意をはらって色校正にのぞみます。

ブックデザイナーは、色見本帳やルーペなどの道具をつかいこなして、色校正の作業をおこなっていきます。

色の校正は、デザインの最終確認をするために欠かせない

この色見本帳は、ひとつの色にいくつもの切りとり線がついています。ブックデザインのデータを入稿するとき、切りとり線から切りとった色見本をいっしょにつけて、印刷所に色の指示をします。

色見本帳（カラーチャートともよぶ）には、印刷用インクで印刷されたさまざまな色がならんでいます。色見本帳はブックデザインを進めるとき、色を決めるためにつかったり、決めた色のとおりに印刷されているか色校正紙をチェックするときにつかったりします。

ルーペは拡大鏡のことで、色校正のときにこまかな部分を拡大してみるための道具です。

色校正で、ブックデザインは完成する

　色校正は、ブックデザインの最終確認といえます。ブックデザイナーにとっては、愛着のある作品の完成まであと一歩です。色校正紙を目の前において、納得のいくデザインができたかどうか、自分自身であらためて評価する緊張のしゅん間でもあります。

　同時に、ようやくひと仕事がおわるという思いもあります。なかには、この時期にはすでにつぎの仕事にとりかかっている人もいます。

編集者とうちあわせをしながら色の校正を進める

　色校正紙は、基本的には出版社の編集部や印刷所からブックデザイナーの手もとにとどけられます。しかし、ふくざつな色校正が必要なとき、疑問点があるとき、デザイン修正が発生した場合などには、ブックデザイナーと編集者がやりとりしながら色校正を進めます。

編集者から色校正紙を手わたされ、編集者が色校正紙をみて気になった部分などについて説明をうける糟谷さん。場合によっては、編集者の意向で小さなデザイン修正が発生することもあります。

チェックして気になった部分については、赤ペンで修正の指示を入れ、印刷所にもどします。

色の校正では、びみょうな色のちがいもみのがさない

　現在では、データを印刷所に入稿するため、基本的には校正のときに大きな修正をしないことになっています。色校正でも同じことがいえます。

　色校正は、デザイン校正ともいえるもので、デザインしたとおりの色がでているか、写真やイラストがきれいに印刷されているか、などをチェックします。

　とくに、デザインした色は、パソコンの画面でみているときと、印刷用のインクで印刷したときとはびみょうにちがってきます。ブックデザイナーは、そんなびみょうな色あいのちがいもみのがすことはありません。

小口さんのするどい観察眼は、納得の色がでているかどうか、どんな小さな違和感もみのがしません。

色の校正で本がつたえたいメッセージを確認する

　本の分野によって、色のつかい方やえらび方が異なります。たとえば、同じ青色がつかわれていても、文芸書ではしっくり落ち着いた青色がつかわれ、実用書や絵本などでは、明るい青色がつかわれるというぐあいです。

　中島さんが多く手がけるコミックでは、ピンク色が好まれるといいます。それぞれの分野の読者の好みが色にでるのです。色校正では、つねに読者層を思いうかべることもたいせつなのです。

中島さんは、色見本帳をみながら、指定した色どおりの色が印刷されているか、こまかな部分はルーペをつかいながらチェックしていきます。また、コミックの作者が描いた絵とおなじ色が印刷されているかも確認します。

色校正紙を実際の大きさにカットして発行されるときの本のかたちを確認する

　色校正紙は、仕あがりのサイズよりもひとまわり大きな紙に印刷され、印刷されたブックデザインのまわりには余白があります。色校正紙はなん部か手わたされるので、1部は余白をカッターナイフで切りとり、実際の本の大きさにしてチェックします。もう1部は、修正点を赤ペンで記入し、印刷所にもどします。

白畠さんは、色校正紙がとどいたら、まず実際の本の大きさである仕あがりサイズにあわせて、カットする作業をします。

色校正紙の1部は、余白を切りとらず、色校チェックで気になった部分の修正点を記入していきます。

※Kは、印刷で、りんかく線などにつかわれる黒色の版（Key Plate）のかしら文字。

色の基礎知識を身につけておきたい!!

　印刷には、4つの色をつかうカラー印刷と、白色と黒色をつかうモノクロ印刷があります。

　カラー印刷の場合は、青色＝シアン（C）、赤色＝マゼンタ（M）、黄色＝イエロー（Y）、黒色＝ブラック（K※）をくみあわせ、たくさんの色がつくられます。ひとつひとつの色には、0％（白）から100％までの段階があり、そのくみあわせは無数に近いのです。

　たとえば、シアンとイエローをまぜればグリーン（緑色）になります。シアンのわりあいが大きければ濃いグリーンになります。一方、シアンのわりあいが小さければ、明るいグリーン（黄緑）になるというぐあいです。

ブックデザイナーの仕事 ❻

ブックデザイナーは、作家や著者、編集者の思いを、表紙のデザインで表現しています。
これまで、4人のブックデザイナーの仕事ぶりをみてきましたが、ここからはブックデザインにこめた、熱い思いを紹介していきます。

本には、ブックデザイナーの熱い思いがこめられている

本のすてきな表紙とかたちを創造するブックデザイナー

 仕事の依頼　 構想をねる　 取材する　 デザインをする　デザインの校正をする　本が発行される

小口翔平さん

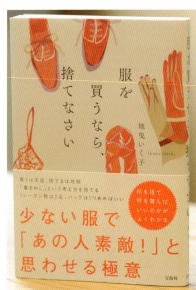

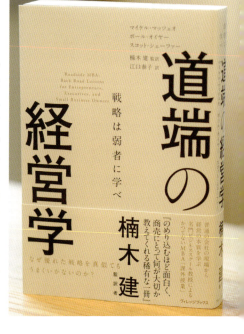

この本では、まずタイトルがパッと目に入るようにしました。また、監訳者（※）が、ターゲットであるビジネスマン（実業家や会社員）のあいだで有名な人なので、名前をみて本を手にとってもらえるよう、帯に大きく監訳者名を入れました。『道端の経営学』（発行：ヴィレッジブックス、著者：マイケル・マッツェオ、ポール・オイヤー、スコット・シェーファー、監訳：楠木建、翻訳：江口泰子）

本の内容にあわせ、イラストレーターに、くつやバッグなどのファッションアイテムをいろいろと描いてもらいました。そのイラストを、本のタイトルとのバランスをかんがえながら配置しました（24ページも参照）。『服を買うなら、捨てなさい』（発行：宝島社、著者：地曳いく子）

編集部の希望で、洋書のようなふんいきになるようデザインしました。社会でかつやくする人たちの高い教養と地位の証明につながるといわれる本の評価をいかして、シンプルだけれど、高級感にあふれたデザインをめざしました（24ページも参照）。『HARD THINGS』（発行：日経BP社、著者：ベン・ホロウィッツ、翻訳：滑川海彦、高橋信夫）

※翻訳した内容を監修する人のこと。

糟谷一穂さん

医学の本というとむずかしく感じてしまいがちですが、やさしいふんいきの文字や色、イラストをえらぶことで、一般の人が手にとりやすいよう工夫しました。左は、『大人の発達障害ってそういうことだったのか』（発行：医学書院、著者：宮岡等、内山登紀夫）、右は、『こころの病を診るということ』（発行：医学書院、著者：青木省三）

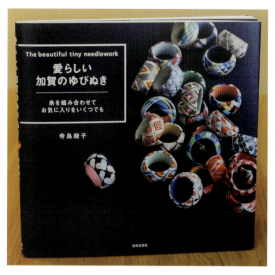

医療関係者むけの専門書は、タイトルがはっきりとわかるよう黒い文字で入れました。シンプルですが、糟谷さんがデザインした幾何学的なオリジナルのもようがよいアクセントになっています。『トワイクロス先生の緩和ケア処方薬』（発行：医学書院、著者：ロバート・トワイクロス、アンドリュー・ウィルコック、ポール・ハワード、監訳：武田文和、鈴木勉）

この本は、伝統的なゆびぬきの奥深さを実感できる作品の紹介から、基本のつくり方と図案を解説しています。手芸の本の分野では、いままでになかったざん新なデザインをめざしました。『愛らしい加賀のゆびぬき』（発行：日本文芸社、著者：寺島綾子）

白畠かおりさん

児童むけの本らしく、タイトルも色彩ゆたかにデザインしました。イラストは、味わいのあるタッチがこの本にぴったりだと思ったイラストレーターのまつおかたかこさんに依頼しました。『ブッダがせんせい　心を育てるこども仏教塾』（発行：永岡書店、著者：宮下真）

虹がかかった青空と一羽の鳥を描いたイラストは、白畠さんが描いたものです。表紙はシンプルにし、そのかわり大きめの帯に本の内容をたっぷりならべました。『夢をかなえるツイッター〜いいことが起こるつぶやきのコツ』（発行：技術評論社、著者：内藤みか）

2歳で自閉症と診断された娘・アイリスの成長を、母親がつづったノンフィクションです。表紙では、母親（著者）が撮影したアイリスと子猫の写真をメインにデザインしています。『小さなモネ―アイリス・グレース―自閉症の少女と子猫の奇跡』（発行：辰巳出版、著者：アラベラ・カーター・ジョンソン、翻訳：吉井智津）

メガネ好きという白畠さんがみずから企画し、出版社にもちこんで出版が決まりました。表紙から本文まで、すべて白畠さんがデザインしたものです。表紙には、メガネ好きならだれもが好感をいだくような写真をとカメラマンに依頼し、撮影にもたちあいました。『メガネ男子』（発行：アスペクト、著者：ハイブライト・編）

中島慶章さん

タイトルのオリジナルの文字は、さまざまな案をかんがえ、やわらかく女性的な文字をつくりました。

有名なピアノの教則本の作曲者、ブルクミュラーについて書かれた本です。楽譜のような表紙にしたいという要望に応じてデザインしました。『ブルクミュラー25の不思議』（発行：音楽之友社、著者：飯田有抄、前島美保＝ぶるぐ協会）

大人数で1台のピアノをかこんで、ぐるぐる入れかわりながら連弾を楽しむことができる楽曲をあつめた本です。楽しいイメージを、イラストと手描きのタイトル文字で表現しました。『ぐるぐるピアノ パーティーブック』（発行：音楽之友社、編：伊藤康英）

中島さんは以前、まんが雑誌『月刊オフィスユー』（発行：集英社クリエイティブ）の表紙デザインを手がけていました。写真の本は、雑誌に連載されたコミックを単行本にしたもので、単行本の表紙も中島さんがデザインしました。コミックスでは、編集部から表紙のデザインへの指示がでることが多く、巻ごとに異なる絵にあわせてタイトルをどこに入れるか調整しました。『Do Da Dancin'! ヴェネチア国際編』（発行：集英社クリエイティブ、作者：槇村さとる）

この本のタイトル文字をかんがえたときも、さまざまな案をだしました。

本のすてきな表紙とかたちを創造するブックデザイナー

この本で紹介した4人のブックデザイナーは、一般社団法人　日本図書設計家協会という団体に所属してかつやくしています。

日本図書設計家協会は、ブックデザインを手がけるブックデザイナーのための団体です。ちなみに、図書設計とは、装丁や装画から印刷・造本までをふくむブックデザインのことです。協会では、会員によるブックデザインの作品を発表する展覧会の開催や、広く外部にむけての装画コンクール「東京装画賞」の開催、作品集『WORKBOOK ON BOOKS』や会報『図書設計』の発行などをとおして、日本の出版文化の継承・発展につとめています。

あたらしいブックカバーのカタチを提案する展示会を開催。写真は、2014年に開催された「カヴァーノチカラ6 製本ノチカラ」のようす。

『装丁・装画の仕事 WORKBOOK ON BOOKS』（発行：玄光社）。写真はシリーズ11号（2016年）です。（デザイン：カバー・丸尾靖子、表紙・中島慶章）

ブックデザイナーの気になるQ&A

どうだい？
ブックデザインへの関心は深まったかな？

わたしも愛読している本のカバーを自分でデザインしたのよ。

世界に一冊だけの本というわけだね。

ブックデザイナーへの進路

Q1 ブックデザイナーになるためには、どのような進路がありますか？

A　ブックデザイナーとしてかつやくするには、必要な専門の知識や技術を身につけることがもとめられます。その多くは、本のデザインにかかわることです。そこで、本のデザインについて学ぶことができる教育施設に進学することが最適の進路といえるでしょう。

　ブックデザインの基本的な知識や技術は、グラフィックデザインの分野で学ぶことができます。

　まず、高等学校については、普通科、または、デザイン美術科に進みます。その後、美術系の大学・短大、専門学校に進学するのが一般的になっています。

　全国には、グラフィックデザインについて学ぶことができる美術系大学・短大や専門学校が多数あります。とはいえ、ブックデザインという専門コースがあるところは、ほとんどありません。そこで、ブックデザイナーをめざすときには、グラフィックデザインの専門コースで、デザイン全般の基礎を学ぶという進路が基本になっています。

　さらに、美術系の大学・短大や専門学校に進むときには、グラフィックデザインのなかでも、エディトリアルデザインという分野があるかどうかを確認するとよいでしょう。エディトリアルデザインとは、本や雑誌、新聞などのページのなかに、本文や写真、イラストなどを効果的に配置していくデザインをさします。エディトリアルデザインのコースでは、将来、ブックデザイナーとしてかつやくするための基本的な知識や技術を学ぶことができるのです。

　もちろん、一般の大学・短大などで学び、ブックデザイナーになる道もあります。この場合、出版にかかわるさまざまな仕事について、本づくりの基本をおぼえながら、同時にデザインの知識と技術を実務のなかで身につけていくことになります。

Q2 ブックデザイナーをめざしたきっかけ
ブックデザイナーをめざしたきっかけについて教えてください

A 現在、第一線でかつやくしているブックデザイナーが、どのようなきっかけでプロをめざしたかについて、この本に登場していただいた4人の方を例に聞いてみました。

小さいころから本にかこまれて育ったのが出発点

小口翔平さん

わたしの父は本好きで、家にはたくさんの本がありました。また、別に住む祖父は国語の先生で、祖父の家の敷地内には私設の図書館があり、遊びに行くたびにその図書館で本に親しみました。このようにわたしは、本にかこまれて育ち、本が大好きになりました。

高校ではカメラに熱中し、卒業後は写真の学校に進みました。ところが、そのころ知りあった友人がグラフィックデザイナーだった影響で、わたしもデザイナーになりたいと思い、デザイン会社への就職活動にはげんだのです。

でも、デザインの学校には行っていなかったので、就職先はなかなかみつかりませんでした。それでもあきらめず40社以上に応募して、やっと1社、広告制作会社のグラフィック部に採用してもらうことができました。

そこからなん度かデザイン事務所をうつりながら、少しずつ本の仕事にかかわるようになりました。

ブックデザイナーになるまでの進路

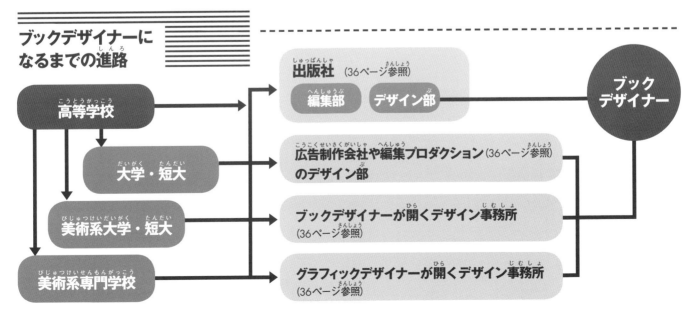

テキスタイルとブックデザインに通じるものを感じて

糟谷一穂さん

わたしは、絵画が得意だった父や人形劇の活動をしていた母の影響で、小さいころから絵を描くことや、ものづくり（工芸）にきょうみがありました。

高校は有名な美術部がある学校に進み、その後、美術系短大の染色科に進学しました。途中で、もっと深く勉強したいと思い、4年制の美術系大学に編入してテキスタイル（織物）のデザインを本格的に学びました。

大学で学んでいるとき、「工芸とは実用品としての機能性に、美的装飾性をくわえて物品をつくりだすこと」であり、本も工芸品だと気づいたこと。そして、糸やもようがあつまってできている染色や織物と、文字や紙があつまってできている本がにていると感じたこと。それが、しぜんとブックデザイナーをめざすきっかけになりました。

現在、ブックデザインをするうえで、テキスタイルの知識や技術はとてもやくにたっていると実感しています。

装丁の仕事にあこがれ、本格的にブックデザインの道へ

白畠かおりさん

昔から本を読むことが好きで、本にかかわる仕事をしたいと思っていました。あるとき、雑誌のデザイナーをしている友人ができ、そこではじめて、本の仕事のひとつにブックデザインというものがあることを知りました。

その後、友人の紹介で入った出版社でアシスタントのアルバイトをはじめ、雑誌の小さなコーナーなど、少しずつデザインの仕事をやらせてもらえるようになりました。

仕事をしながら、本の装丁にどんどんきょうみがわき、本格的にブックデザインの仕事につきたいと思って、別の出版社に入社しました。

わたしはデザインの学校をでていないので、本のデザインはすべて仕事をしながらおぼえました。デザインの基礎など知らないことも多いのですが、出版社ではたらいていたことで、本づくりの全体をみることができた経験は、いま、とてもやくにたっています。

自分の個性がいかせるブックデザインの世界へ進む

中島慶章さん

わたしは、小さいころから絵を描くのが好きだったのと、手に職をつけたいという思いから、グラフィックデザイナーをめざして専門学校に進みました。

卒業後は広告制作会社に就職し、なん度か広告制作会社をうつりながら、経験をつんでいきました。ある広告制作会社で、広告以外に本のデザインも手がけているところがあり、そこで、はじめて本のデザインにかかわるようになりました。

本の仕事をしているうちに、ブックデザインはおもしろいと思うようになり、しだいにブックデザインの仕事がふえていきました。

ブックデザインは、広告のデザインにくらべると、自分の個性をいかすことができる仕事だと感じました。そして、ブックデザイナーなら、独立して自分の実力で勝負できるというのも魅力的に思えて、フリーランスのブックデザイナーになりました。

Q3 ブックデザイナーがかつやくするところ
ブックデザイナーは、どのようなところでかつやくしているのですか？

A ブックデザイナーの仕事は、おもに出版界というところでおこなわれます。そのなかでも、もっとも基本とされるかつやくの場がいくつかあります。

ブックデザイナーの事務所

ブックデザイナーの多くは、フリーランスでかつやくしています。フリーランスとは、会社など組織に所属しない独立した立場で、自分の実力だけで仕事を受注し、こなしていくことです。独立してかつやくするブックデザイナーのもとで、アシスタント（助手）としてはたらきながらブックデザインの知識と技術を身につけていきます。

編集プロダクション

本の編集作業にたずさわる編集プロダクションとよばれる制作事務所のデザイン部で、かつやくする場合があります。ここでは、エディトリアルデザインを担当しながらブックデザインの実力を身につけていきます。

グラフィックデザイナーの事務所

グラフィックデザイナーとは、広告やパンフレット、カタログなど平面のデザインを中心に仕事をするデザイナーです。一般にデザイン会社とよばれる制作会社では、チーフデザイナーという人を中心に複数のデザイナーやアシスタントがチームをつくってデザイン作業をこなします。ここでは、まずアシスタントとして入社して、実力をつけてステップアップします。

このようなグラフィックデザインの事務所で、エディトリアルデザイン（38ページ参照）を担当しながら、ブックデザインの実力を身につけていきます。

出版社

さまざまな本を出版するのが、出版社です。大きな出版社では、社内にデザイン部をもうけているところもあります。デザイン部には、グラフィックデザイナーやブックデザイナーが所属して、デザイン作業を進めていきます。

なかには、本の編集にたずさわりながら本づくりの知識や技術を身につけて、その後、ブックデザインを手がけるようになる人もいます。

> こうして、実績をつんだあと、自分の事務所を開いたり、独立してフリーランスのブックデザイナーとしてかつやくする人もいるのね。

ブックデザイナーとしてかつやくする

この本で紹介している4人のブックデザイナーは、どのような現場でかつやくしてきたのかな。

小口翔平さん

小口さんは、大阪の広告会社に就職し、グラフィックデザイナーの第一歩をあゆみだしました。その後、別な広告会社にうつったあと、上京しました。

東京では、グラフィックデザイナーが開くデザイン事務所に就職しました。事務所では本や雑誌のデザインも手がけていて、その仕事を手つだっているうちに、少しずつブックデザインの世界に魅了されていきました。

こうして経験をつみ、自分のデザイン事務所「tobufune（とぶふね）」をつくって独立。現在は6名のスタッフとともに、ビジネス書（仕事にかかわることを教えみちびく本）などの実用書を中心としたブックデザインやエディトリアルデザインを手がけています。

白畠かおりさん

白畠さんは、グラフィックデザイナーの友人から紹介されて、出版社でデザインアシスタントのアルバイトをはじめました。そのあと、本格的にブックデザインの仕事につきたいと思い、別の出版社に社員として入社しました。とはいえ、デザインの勉強はまったくしていなかったので、デザインの技術を一から現場でおぼえながら、雑誌のエディトリアルデザイナーとして約5年間をすごしたのです。

こうして知識と技術をしっかりみがいてから、独立してフリーランスのブックデザイナーになりました。現在は、自宅の一部屋を利用した仕事場で、女性むけの実用書を中心にブックデザインを手がけています。

糟谷一穂さん

糟谷さんは、一般の会社ではたらいているとき、グラフィックデザイナーであるいまのご主人とであいました。ご主人の影響で、結婚後、美術系専門学校の夜間コースに入学し、グラフィックデザインを学びました。

学校の講師の紹介で、昼間はデザイン事務所でグラフィックデザイナーのアシスタントをつとめました。その事務所では、わりと本の仕事が多くて、そこからブックデザインの仕事にかかわるようになったのです。

こうして経験をつみ、ブックデザインは、一生、よいものをつくりたいと追求できる仕事だと思い、独立しました。現在は自宅にて、医学書などの実用書を中心にブックデザインとエディトリアルデザインをしています。

中島慶章さん

中島さんは、美術系専門学校でグラフィックデザインの勉強をして、卒業後は広告制作会社に就職しました。その後、いくつかの会社をうつりながら、広告ポスターなどのグラフィックデザインを手がけました。そして、ある広告制作会社が出版の仕事もやっていたことから、少しずつ本のデザインにかかわるようになりました。

中島さんは独立後、コミックや実用書、小説などのブックデザインをはば広く手がけています。とくに、自分で文字を手描きするのが得意で、『日本タイポグラフィ年鑑2016』（日本タイポグラフィ協会）の、グラフィック部門で入選したこともあります。現在、中島さんが手がけるブックデザインの多くは、自分で創作した文字がタイトルにつかわれています。

本づくりにかかわる専門スタッフ

Q4 ブックデザイナーがかかわる本づくりは、どのような人によって、どのように制作作業が進められるのですか？

A 出版社などが発行する本づくりは、基本的に専門のスタッフがチームをくんで進めます。つまり、チームワークです。ここでは、ブックデザイナー以外に、本づくりにかかわるおもなスタッフを紹介していきます。

エディトリアルデザイナー

エディトリアルとは、編集という意味です。編集される印刷物のデザインを手がけるのが、エディトリアルデザイナーです。印刷物には、本や雑誌のほかにも、新聞やパンフレット、カタログなどがあります。たとえば、本や雑誌のエディトリアルデザイナーは、各ページのレイアウトを担当します。レイアウトとは、本文と写真やイラストなどをくみあわせて、読みやすい誌面をデザインすることです。

とくに、本や雑誌のデザインを手がけるエディトリアルデザイナーからブックデザイナーになる道は多くみられます。

編集者

出版社、または編集プロダクションなどに所属してかつやくします。編集者は、企画会議などをとおして、どのような本を出版するか決めます。

その後、本の作家や著者とうちあわせをして、原稿を依頼するなど編集・制作を手がけます。

編集者は、原稿のデータやイラスト・写真など本づくりに必要な素材がまとまると、ブックデザイナーとうちあわせをします。編集者は、うちあわせのなかで作者や著者がどのような意図で原稿を書いたか、本を出版するねらいや本の特ちょう（セールスポイント）などをつたえていきます。さらに、ブックデザイナーとうちあわせをしながら、ブックデザインへの思いをつたえます。

出版とかかわる人たち

どんな本をだすか、かんがえる → **編集の作業** → **ブックデザインの依頼**

出版社 ＋ 作家・著者

編集者

作家・著者、ライター（※）に原稿を依頼

カメラマン、イラストレーター・画家に写真やイラストを依頼

※原稿を書く人

編集者 ＋ ブックデザイナー

38
ブックデザイナーの気になるQ&A

カメラマン

　ブックデザイナーは、デザインで写真をつかう場合はカメラマンに依頼します。写真は、カメラマンがあたらしく撮影する場合と、すでに撮影した写真をつかうことがあります。後者の場合は、カメラマンや写真エージェンシーというところに写真の提供を依頼します。写真エージェンシーというのは、いろいろな分野の写真をあつめて貸しだすところです。ブックデザイナーは、人物、風景、もの、動物などの分野から、デザインイメージにあわせて写真をえらびます。

　写真は、そのままつかう場合もありますが、ブックデザインでは、パソコンソフトなどでデザイン処理（※）をしたものがつかわれます。

※パソコンのイラストレーターやフォトショップなどのソフトをつかいながら、写真をさまざまに加工して、よりデザイン的な素材をつくりあげること。

作家と著者

　作家とは、小説やエッセイなどの文章を書いたり、コミックの描き手をさします。創作した世界を文章で表現したり、作画する人です。著者は、広く本全般にわたる作者をいいます。また、取材した事実にもとづいて、情報をまとめて原稿を書く人をライターとよぶこともあります。

　いずれにしても、作家や著者の原稿や画稿をもとに、ブックデザイナーはデザインを進めます。

イラストレーター・画家

　ブックデザインでは、イラストや絵が重要なやくわりをはたすことがあります。これらは、装丁の絵という意味で、装画といわれます。装画を描くのは、イラストレーターや画家です。

　コミックの場合は、雑誌に連載された作品が、単行本にまとめられることがほとんどです。そこで、多くの場合は、コミックに登場する主人公の絵がつかわれます。

印刷所に入稿 → 校正 → 製本

印刷のために原稿を印刷所に入れる

ブックデザイナー ＋ 印刷所スタッフ

まちがいがないように、本づくりの最終的な確認をする

編集者

作家・著者、ブックデザイナーなど に確認をとる

製本所というところで、本のかたちをつくる

↓

出版社（本の発行）

書店や図書館に本がならび、人びとの目にふれる

✳ この本をつくったスタッフ

企画制作	草川 昭
編集制作	保科和代（スタジオ248）
デザイン	渡辺真紀
イラスト	あむ やまざき
写真撮影	相沢俊之
DTP	株式会社日報

✳ 取材に協力していただいた方（敬称略）

一般社団法人 日本図書設計家協会（SPA）

小口翔平（tobufune）
糟谷一穂
白畠かおり
中島慶章

時代をつくるデザイナーになりたい!!
ブックデザイナー

2017年9月29日　初版 第1刷発行
2018年3月30日　初版 第2刷発行

編 著	スタジオ248
発行者	中川雅寛
発行所	株式会社 六耀社
	東京都港区台場2-3-1　〒135-0091
	電話 03-6426-0131　Fax 03-6426-0143
印刷所	シナノ書籍印刷株式会社

NDC375 ／40P／283×215cm／ISBN 978-4-89737-955-5
Ⓒ 2017 Printed in Japan

本書の無断転載・複写は、著作権上での例外を除き、禁じられています。
落丁・乱丁本は、送料小社負担にてお取り替えいたします。